அழகே... தமிழே... முருகா!
Lord Muruga: The Beauty of Tamil !

Tamilunltd
10 Maybelle court Mechanicsburg PA USA 17050

நூலின் பெயர் : அழகே! தமிழே! முருகா!
ISBN : 978-0-9839088-0-7
Library of Congress
Control Number: 2019900965
பொருள் : மழலைகள் இலக்கியம்
Subject : Juvenile literature
மொழி : தமிழ் ஆங்கிலம் ஹிந்தி ஸ்பானிஷ்,ப்ரெஞ்ச் ஜெர்மானியம் மலாய்
Language : Tamil, English,Hindi, Spanish French, German, Malay
ஆசிரியர் : சுகந்தி நாடார்
Author : Suganthi Nadar
பதிப்பு : : முதல் பதிப்பு 2019
Edition: : First Edition 2019

உரிமை : : ஆசிரியருக்கு
Copyright : Author

நூலின் அளவு : 11.000" * 8.500"(216 mm * 280mm)
எழுத்துரு : Tace kaveri Tamilvirtuval University
எழுத்துரு அளவு : 11 புள்ளி
விலை : $ 50.00
பக்கங்கள் : 48
அச்சாக்கம்
Printers : Laktech PRINTS
New # 4(old #16) Singara Garden
4th Lane
Old Washermanpet,
Chennai -600 021

பதிப்பகம்
Publishers : Tamilunltd
10 Maybelle court
Mechanicsburg PA USA 17050
Ph:0017177283999
0017178025889
917358951926
anitham.suganthinadar.com
tamilunltd@gmail.com

Mrs Margaret Brandt,an Illustrator, educator lives Harrisburg Pennsylvania, She teaches art in the Harrisburg Area Community college. With out her faith,encouragement,guidance with out which the art work and the project would not have moved an inch.

Jothi Krishnan is a homemaker, mother of four girls, grandmother of three girls who lives with her husband Rathakrishnan in Hosur India. Her love of fabric, cooking, gardening and home management are the foundations that she passes on to her children and grandchildren.

Miss Priyanka Nadar and Miss Sarika Nadar are the inspirational source and the critique behind the art, concept and delivery for whom which the project was originally intended.

Mathivathani Padmanaban resides in Switzerland. She is a Tamil teacher,writer, poet,physical and emotional care giver for children and Educator for Mothers. She helped with german translation.

Lesley was born in Ontario, Canada, where her passion for language included studying literature, French and history. After living in Japan for three years and traveling abroad, Lesley now resides in Pennsylvania, USA. Language and literature remain a passion for Lesley as she raises her two children, tutors and is penning a book of her own. She helped with french translation.

Alberto Medina was born in Santiago Chile, where he studied Civil Engineering. He migrated to United States in 2003 where he works with construction materials for roadways and bridge construction. He helped with spanish translation.

Vinisha Peny Software Quality Assurance Engineer Bangalore, Malathi Anandan entrapernur , Home maker Coimbatore both helped with Hindi translation.

Varatharasan Subramaniam Subramaniam is a native Taiping, Malaysia. he has a bachelor of teaching on tamil studies from Tuanku Bainun Teaching Institute. Currently He is teaching Tamil language in Bagan Datoh Goverment Tamil School from grade 1 to grade 6 students.Nelaveni is a native of Kedah, Malaysia.She has a degree in bachelor of teaching on tamil studiesfrom Tuanku Bainun Teaching Institute. . Currently she is teaching Tamil language in Goverment School.They both translated to malai language.

Usha Ramamurthy is an educator and a child care giver for 28 years.She provides a multicultural, multi linguistic learning environment for preschool child she lives in Mechanicsburg, PA with her husband and two sons. She helped with coordinating the translators.

Donna D'Alessandro, A teacher lives with her husband and 3 children in Carlisle, PA. Her passions are playing the piano, outdoor and fitness activities. She also occasionally sings with the contemporary worship band in her church. She loves spending time with her family.

Mr.Bill Bishop of Exposure is the digital photographer for this project. Mr Tom Langan Grandfather of six lives in Harrisburg. His help in constructing the six feet art panels and transporting them for photography is crucial in the digital publishing of the book.

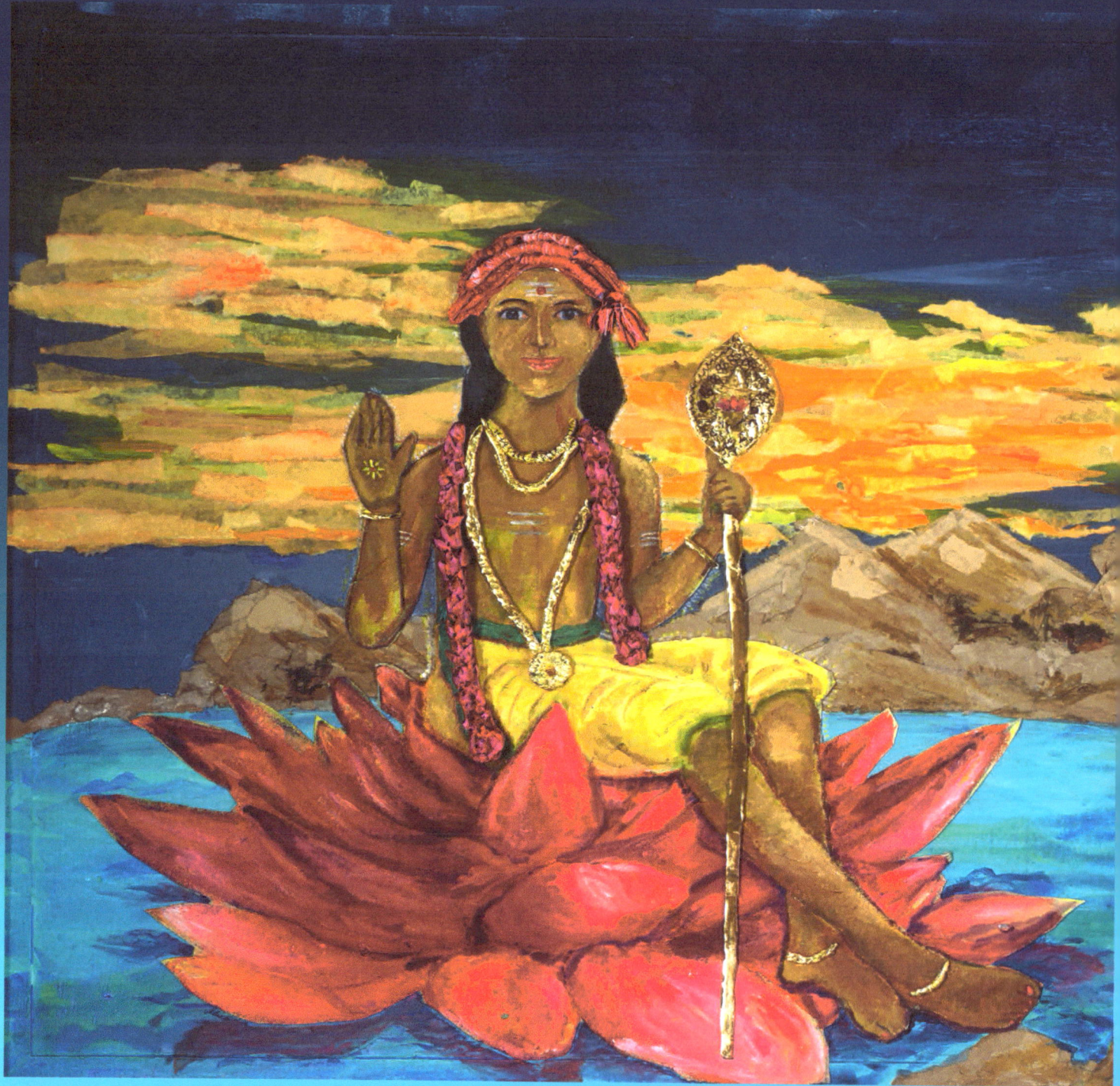

கார்த்திகேயன்

“அழகு வேல் முருகா! கீர்த்தி வழங்குவாய் முருகா!."

“The Lord of glory, grant us splendor.”

"महीमा के ईश्वर, हमें वैभव प्रदान करें।"

«El señor de la Gloria, nos otorga resplandor.»

"Der Gott der Schönheit gab uns die natürliche Schönheit."

“Seigneur de Gloire, donne-nous le splendeur.”

“Wahai Tuhan yang maha besar, berilah kami kemuliaan.”

திருப்பரங்குன்றம் முருகனின் முதல் படை வீடு. மலைக்குன்றுக்குள் அமைந்த திருக்கோவில் சங்க காலக் குறிஞ்சி நிலத்தைக் குறிப்பதாகச் சித்தரிக்கப்பட்டுள்ளது. மலையும் மலையைச் சார்ந்த பகுதியும் குறிஞ்சி ஆகும்.

Thiruparam Kundra is the first of six places that enshrines Lord Muraga. The first temple is built on a hill. The natural beauty of the hill is an example of "Kurinchi." In ancient Tamil culture kurinchi means mountainous region.

थरिुपारान कुंद्रा छः स्थलों में से पहला स्थान है, जहाँ भगवान मुरुगन प्रतिष्ठिापति हैं। सबसे पहला मंदीर पहाड़ी पर बनाया गया है। पहाड़ की प्राकृतकि सुंदरता "कुरन्चिी" का एक उदाहरण है। प्राचीन तमलि संस्कृति में कुरीन्ची का अर्थ - "पहाड़ी क्षेत्र" है।

Thiruparam Kundra, es el primer de seis lugares que consagra a Lord Muraga. El primer templo esta construido en una colina. La belleza natural de la colina es un ejemplo de Kurinchi. Esta palabra ancestral Tamil significa region montañosa.

Thirupuram Kundram ist der dritte Pilgerort. Die natürliche Schönheit des Ortes wurde von Lord Murugan erschaffen.

Thiruparam Kundra est le premier des six lieux qui consacre Muruga. Le premier temple est construit sur une colline. La beauté naturelle de la colline est un exemple de "kurinchi." Cet ancien mot signifye Tamil région montagneuse.

Thiruparam Kundram adalah yang pertama dari enam tempat yang mengabadikan Tuhan Murugan. Kuil pertama ini telah dibina di atas bukit. Keindahan alam bukit adalah contoh "Kurinji". "Kurinji" merupakan kawasan pergunungan dalam budaya tamil purba.

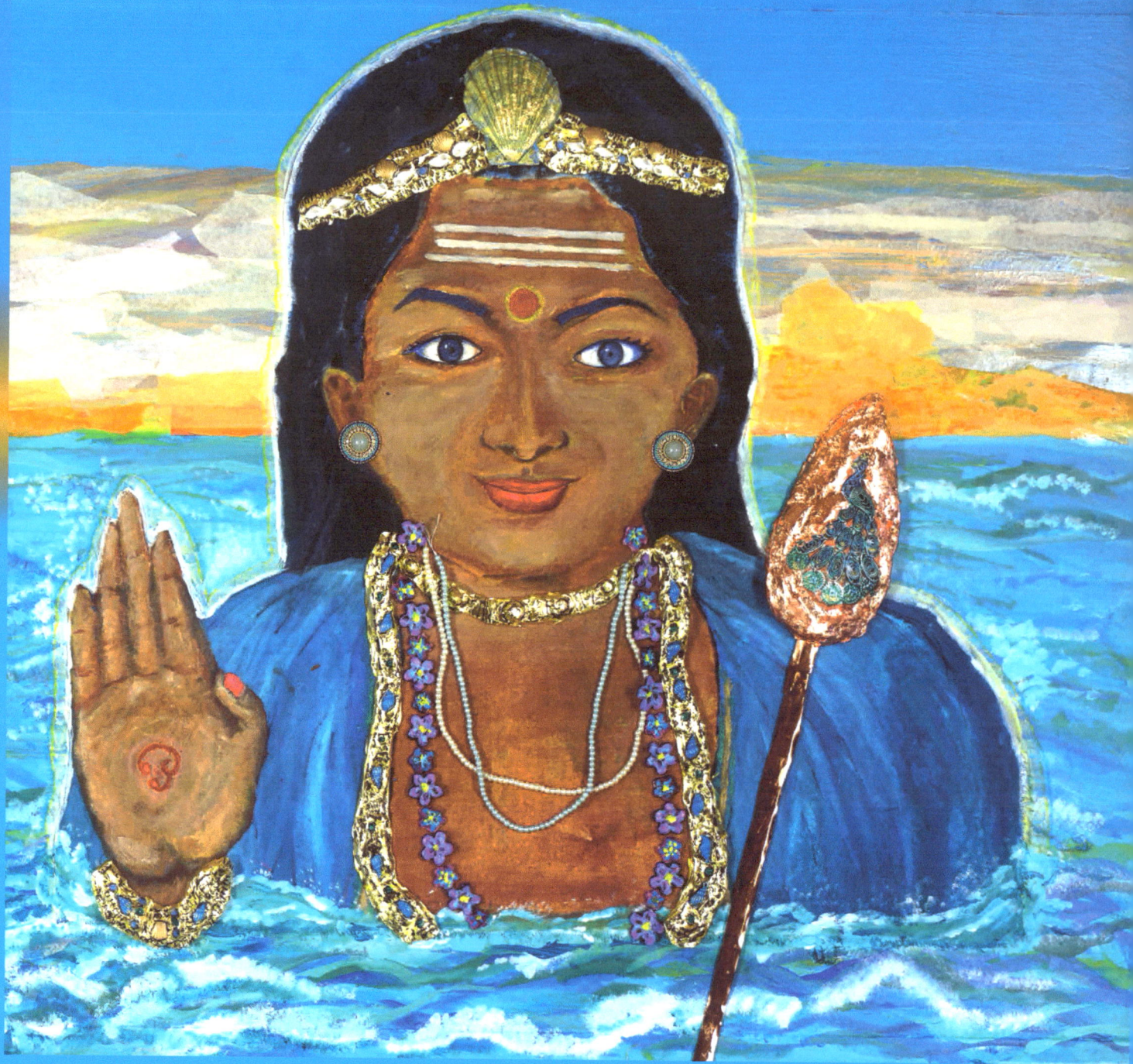

செந்தில்

“வீர வேல் முருகா! வீரம் அருள்வாய் முருகா!”.

“Lord of Courage, grant us Courage”.

"शौर्य के भगवान, हमें साहस प्रदान करें।"*

«El señor del coraje, nos otorga Coraje.»

“Der Gott des Mutes gab uns den grossen Mut”.

“Seigneur de courage, donne-nous le courage”.

“Wahai Tuhan yang Berani, Berilah kami keberanian.”

திருச்செந்தூர் முருகனின் இரண்டாம் படை வீடு. இது கடலோரத்தில் அமைந்துள்ள இத் திருக்கோவில் சங்கத் தமிழகத்தின் நெய்தல் நிலப்பரப்பைக் குறிப்பதாக இருக்கிறது.கடலும் கடலைச் சார்ந்த பகுதியும் நெய்தல் எனப்படும். **இத்தலத்திற்கு** அருகில் உள்ள மணற்குன்றுகளைப் பாலை நிலமாக கொள்ளலாம்.

Thirunchendur is the second place that enshrines Lord Muraga, and is where he became the army chief. This temple is set by the sea and is an example of Neithal landscape. In ancient tamil culture Neithal means sea and seashore. The sand dunes located nearby the temple can be an example of the desert land pallai.

थरिुचेन्दुर दूसरा स्थान है, जहाँ भगवान मुरुगन प्रतषि्ठापति हैं और यहाँ वे सेना प्रमुख बने थे। यह मंदीर समुद्र के कनिारे स्थापति है और नीथल परदिृश्य का एक उदाहरण है। प्राचीन तमलि संस्कृति में नौथल का अर्थ है - समुद्र एवं समुद्र तट। मंदरि के समीप रेत के टीले, मरुभूमि 'पल्लाई' का एक उदाहरण हो सकते हैं। थरिुचेन्दुर मंदीर के आसपास के गांवों में लाल रेत की टीले, संगम साहति्य में पल्लाई परदिृश्य का एक उदाहरण है।

Thirunchendur, es el segundo lugar que consagra a Lord Muraga, y es donde el se convirtio en el jefe del ejercito. Este templo esta ubicado cerca del mar y es un ejemplo del paisaje Neithal. En cultura ancestrales Neithal significa costa.

Thiruchendur ist der zweite Pilgerort von Lord Muruga, der im Wasser steht. Der Tempel steht in der Kreuzung zwischen Fluss und Meer. Dieser Pilgerort ist der an dem er zum Offizier gestellt wurde.

Thirunchendur est le deuxième place qui consacre Seigneur Muraga, et où il est devenule chef de l'armée. Ce temple est fixé par la mer et est un exemple de Neithal paysage. Dans les écritures anciennes Neithal signifie rivage.

Thirunchendur adalah tempat kedua yang mengabadikan Tuhan Murugan, dan di mana dia menjadi ketua tentera. Kuil yang terletak di pinggir pantai merupakan contoh landskap "Neithal". Dalam budaya tamil purba, "Neithal" bermaksud laut dan pantai.

திருச்செந்தூர் **தலத்திற்கு** அருகில் உள்ள மணற்குன்றுகளைப் பாலை நிலமாக கொள்ளலாம்..

The red sand dunes in the villages surrounding Thiruchendoor temple are an example of paallai landscape in sangam literature.

मंदीर के समीप रेत के टीले, मरुभूमि 'पल्लाई' का एक उदाहरण हो सकते हैं। थरिुचेन्दुर मंदरि के आसपास के गांवों में लाल रेत की टीले, संगम साहति्य में पालाई परदि्श्य का एक उदाहरण है।

Thirunchendur, es el segundo lugar que consagra a Lord Muraga, y es donde el se convirtio en el jefe del ejercito. Este templo esta ubicado cerca del mar y es un ejemplo del paisaje Neithal. En cultura ancestrales Neithal significa costa.

Thiruchendur ist der zweite Pilgerort von Lord Muruga, der im Wasser steht. Der Tempel steht in der Kreuzung zwischen Fluss und Meer. Dieser Pilgerort ist der an dem er zum Offizier gestellt wurde.

Les dunes de sable rouge dans les villages entourant Thiruchendoor temple sont un exemple de paallai paysage dans sangam littérature

Gunung bukit pasir yang terletak berhampiran dengan kuil ini boleh menjadi contoh landskap "Paalai".

பழனியப்பன்

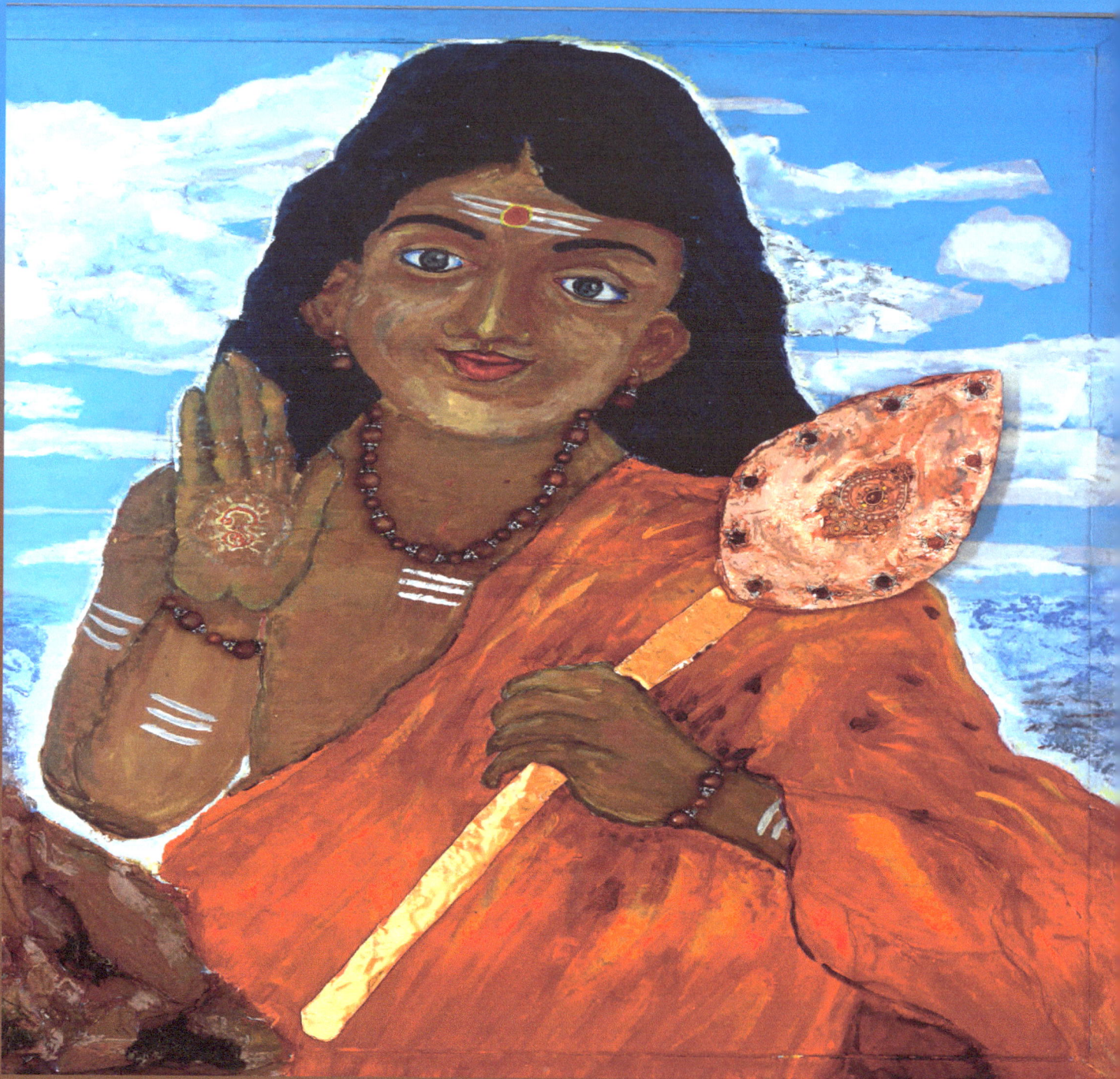

“வெற்றி வேல் முருகா! வெற்றி அளிப்பாய் முருகா”

“Lord of Victory, Grant us victory”.

“हे वीजय के भगवान हमें जीत प्रदान करें ।”

« El señor del coraje, nos otorga coraje.»

. “Der Gott des Sieges gab uns den glücklichen Sieg”

Seigneur de la Victoire , accorde-nous la victoire

“Wahai Tuhan yang memberi kemenangan, berilah kami kemenangan.”

பழனி புகழ் பெற்ற மூன்றாவது படைவீடாகும். எல்லாம் துறந்த முனிவராக முருகன் தங்கிய இத்தலம் தமிழ் சங்க நிலப்பரப்பான குறிஞ்சியின் இன்னுமொரு எடுத்துக் காட்டாக சித்தரிக்கப்பட்டு இருக்கிறது.

Palani is the third sacred pilgrimage where Lord Muruga renounces everything to reside as a sage. This is again an example of Kurunchi ,the mountanious region.

पालानी तीसरी पवत्रि तीर्थ यात्रा है, जहाँ भगवान मुरुगन ने साधु के रूप में रहने के लिए सबकुछ त्याग दीया। यह भी कुरीन्ची, पर्वतीय क्षेत्र का एक उदाहरण है।

Palani, es el tercer viaje y el nombre de la colina donde se construyo el templo. En la antigua Tamil, este paisaje, Pallai, describe a un desierto. El señor Muruga renuncia a todo y viene a Palani como un sabio.

Palani ist der am drittmeisten gefürchtetster Pilgerort wo ein Tempel auf dem höchsten Punkt des Hügels. Der Lord Muruga gab alles, dass er besass auf, um den begehrten Pilgerort zu betreten. Lord Muruga ersetzt die Wüste, dass er am Ort vorfindet, durch Land für die Pilger.

Palani est le troisième pèlerinage sacré et le nom de la colline où le temple est construit . Dans l'ancienne tamoule , ce landscsape , Pallai , décrit le désert . Muruga renonce à tout et vient à Palani comme un sage .

Palani merupakan tempat suci ketiga yang terkenal. Tuhan Murugan telah meninggalkan segala-galanya untuk tinggal di sini sebagai kudus. Tempat ini merupakan satu lagi contoh landskap "Kurinji".

கந்தன்

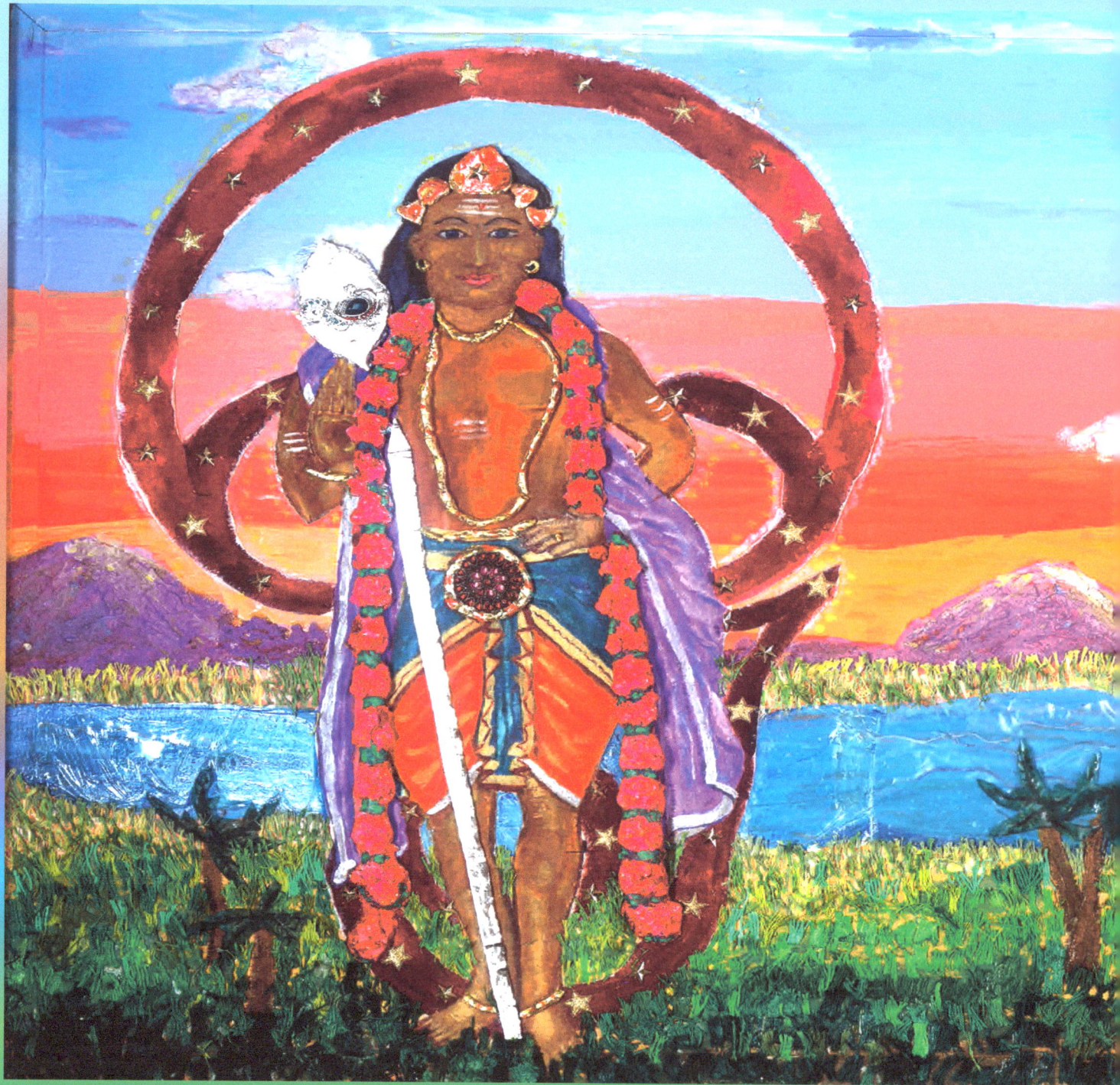

"ஞான வேல் முருகா! ஞானம் கொடுப்பாய் முருகா !".

Lord Muruga the Lord of Wisdom grant us wisdom

"बुद्धमित्ता के ईश्वर, हमें ज्ञान प्रदान करें।

El señor del conocimiento, nos da conocimineto.

"Der Gott der Klugheit war klüger als der Allheiligste "

Seigneur de la Connaissance , accorde-nous la connaissance .

Wahai Tuhan yang Maha Berpengetahuan, berilah kami kebijaksanaan.

சுவாமி மலை முருகனின் நான்காவது படை வீடு. திருக்கோவில் காவிரி நதிக்கரையில் அமைந்துள்ளது. சங்கத் தமிழகத்தின் நிலப்பரப்பான மருதத்திற்கு எடுத்துக்காட்டாக இந்தத் தலம் விளங்குகிறது. வயலும் வயலைச் சார்ந்த பகுதியும் மருதம் என்று அழைக்கபட்டது.தந்தைக்குக் குருவாய் அமர்ந்திருக்கிறார் முருகப் பெருமான்.

Swami Malai is the fourth pilgrimage where the temple is built among farm lands and is set in the landscape of Marutham, an agricultural land. This is where Lord Muruga becomes a guru to his own father by explaining the secret of pranavam

स्वामीमलाई चौथी तीर्थ यात्रा है, जहाँ कृषभूमि के बीचों-बीच मंदीर बनाया गया है और यह मारूथम के परदृश्य में स्थति है,जो एक कृष क्षेत्र है। यही वह स्थान है, जहाँ भगवान मुरुगन प्राणवम का रहस्य समझाकर अपने पिता के लिए गुरू बन जाते हैं।

Swami Malai , es el cuarto viaje donde el templo es construido sobre tierras de cultivo y se encuentra en el paisaje de Marutham, una tierra de agricultura. Esto es donde Lord Muruga se convierte en el Guru de su propio padre y a la vez su padre escucha al señor Lord Muruga explicar el secreto de pranavam.

Der vierte Pilgertempel liegt auf den Felder der Bauern von Swami Malai. Das ist der Ort, wo er seinem Vater dem Allheiligsten, die wichtigsten Dinge aus dem aleben lehrte.

Swami Malai est le quatrième pèlerinage où le temple est construit entre les terres agricoles et se trouve dans le paysage de Marutham , une terre agricole . Ceci est où le Seigneur Muruga devient un gourou à son père et à son tour , son père écoute Muruga expliquer le secret de Pranavam .

Swami Malai adalah tempat keempat yang mengabadikan Tuhan Murugan di mana kuil itu dibina di tebing sungai ‘Kaveri’. Kuil ini terletak di landskap “Marutham”, iaitu tanah pertanian. Di sinilah, Tuhan Muruga menjadi guru kepada ayahnya sendiri dengan menerangkan rahsia pranavam.

காங்கேயன்

சக்தி வேல் முருகா! சக்தி அருள்வாய் முருகா!

Lord of energy grant us power

"ऊर्जा के ईश्वर, हमें शक्ती प्रदान करें।

El señor de la Energia, nos otorga energia.

"Er ist der Gott des Frieden der uns den Frieden schenkte"

Seigneur de l'énergie , accorde-nous le pouvoir .

"Wahai Tuhan yang berkuasa, berilah kami kekuatan."

நம் மனம் குளிர முருகன் வீற்றிருக்கும் மலை தணிகை மலை. இந்தத் தலம் ஐந்தாம் படை வீடு. குறிஞ்சி நிலப்பரப்பிற்கு இன்னுமொரு எடுத்துக்காட்டான இத் தலத்தில் முருகப்பெருமான் தேவர்களுக்கு ஆசி வழங்குகின்றார் புத்தாண்டுகளில் படிகளில் விளக்கேற்றி முருகனை வழி படுகின்றனர்.

Thirunththani the fifth abode This temple stands on top of a hill and is where Lord Muraga blesses the Devas. In Thirunthani, the people celebrate the New Year by lighting oil lamps on each step that take you up to the top of the hill, praying along the way. This is an example of Kurunchi in the dusk

थरिुत्तानी पाँचवी अधिष्ठान है। यह मंदीर एक पहाड़ी की चोटी पर स्थति है, जहाँ भगवान मुरुगन ने देवों को आशीर्वाद दयिा। थरिुत्तानी में, लोग नव वर्ष मंदरि के प्रत्येक सीढ़ी पर तेल के दीपक जलाकर, रास्ते में प्रार्थना करते हुए मनाते हैं, जो आपको पहाड़ी के शीर्ष तक ले जाता है। यह संध काल में कुरीन्ची का एक और उदाहरण है।

Thirunthani , es el sexto y ultimo templo sagrado. Este templo se encuentra en la cima de una colina y es donde Lord Muraga bendice a los Devas. En Thirunthani, la gente celebra el Año Nuevo encendiendo lamparas de aceite en cada peldaño que llega hasta la cima de la colina, rezando durante el camino. Este es denuevo un ejemplo de Kurunchi en el atardecer.

Thirutani besitzt den fünften Tempel, in dem das Volk zum Neujahr Feuerwerk zündet.Man hängt Öllampen auf und betet.

Thirunthani est le sixième et dernier temple sacré . Ce temple se dresse au sommet d'une colline et est où le Seigneur bénit Muraga Devas . Dans Thirunthani , les gens célèbrent le Nouvel An en allumant des lampes à huile sur chaque étape qui vous emmène jusqu'au sommet de la colline , en priant tout le chemin . Ceci est un exemple de Kurunchi dans le crépuscule .

Kuil kelima merupakan Thirutani. Candi ini terletak di puncak gunung yang juga merupakan satu lagi contoh landskap "Kurinji" dan Tuhan Murugan telah memberkati para dewa di kuil ini. Di Tiruttani, rakyat merayakan Tahun Baru sambil menyalakan lampu minyak dan berdoa sepanjang jalan menuju ke kuil.

சிகிவாகனர்

“அருள் வேல் முருகா! அமைதி தருவாய் முருகா”.

“Lord of Peace, grant us peace”.

“नीरवता के ईश्वर, हमें शान्ती प्रदान करें।”*

“El señor de la Paz, nos da ala paz”.

. “Er ist der Gott der Energie, die er uns immer wieder schickt.”

“Seigneur de la Paix , accorde-nous la paix”.

“Wahai Tuhan yang berkuasa, berilah kami kedamaian.”

இயற்கை அன்னையின் மனம் மகிழ முருகன் குடி கொண்ட இடம் பழமுதிர்ச் சோலை முருகனின் ஆறாவது படைவீடு.ஔவைப் பாட்டிக்குச் சுட்டப்பழம் வேண்டுமா? சுடாதபழம் வேண்டுமா என்றுக் கேட்ட தலம் இது. காடும் காடும் சேர்ந்த சேர்ந்த முல்லை என்ற நிலப்பரப்பிற்கு எடுத்துக்காட்டாக விளங்குகிறது இந்தத் தலம்.

Palamuthircholai, is the sixth and last sacred temple where Lord Muruga resides. In ancient Tamil literature, Mullai means forest land. In this landscape, Mother Nature expresses her pleasure as Lord Muruga offers the Tamil poet Ovvaiyaar "hot fruit" or "cold fruit." Mullai represents the forest land.

पालामुदरिचोलाई, छठा और अंतमि धार्मकि मंदीर हैं, जहाँ भगवान मुरुगन नविास करते हैं। प्राचीन तमलि साहत्यि में, मुल्लाई का अर्थ वन-भूमि है। इस परदि़श्य में, प्रकृति ने अपनी प्रसन्नता व्यक्त की हैं, क्योंकि भगवान मुरुगन ने तमलि कवि "अव्वाईयर" को पक्का या कच्चा फल प्रदान कयिा। मुल्लाई वन भूमि का प्रतनिधित्वि करता है।

Palamuthircholai, es el quinto presagio, es donde Lord Muruga reside. En la antigua literatura Tamil, Mullai, significa tierras forestales. En este paisaje, La madre naturaleza expresa sus placeres como Lord Muruga, ofrece a el poeta Tamil Ovvaiyaar ,

Thirutani besitzt den fünften Tempel, in dem das Volk zum Neujahr Feuerwerk zündet. Man hängt Öllampen auf und betet.

Palamuthircholai , la cinquième demeure, est l'endroit où réside Muruga . Dans la littérature tamoule ancienne , Mullai signifie terres forestières . Dans ce paysage , la nature exprime son plaisir comme Seigneur Muruga propose le poète tamoul Ovvaiyaar

Palamuthircholai adalah kuil suci keenam dan terakhir di mana Tuhan Murugan tinggal. Di sinilah Tuhan Murugan menawarkan Penyair Avvaiyar dengan buah yang masak ataupun tidak masak. Kuil ini merupakan contoh landskap "mullai" yang mewakili kawasan perhutanan.

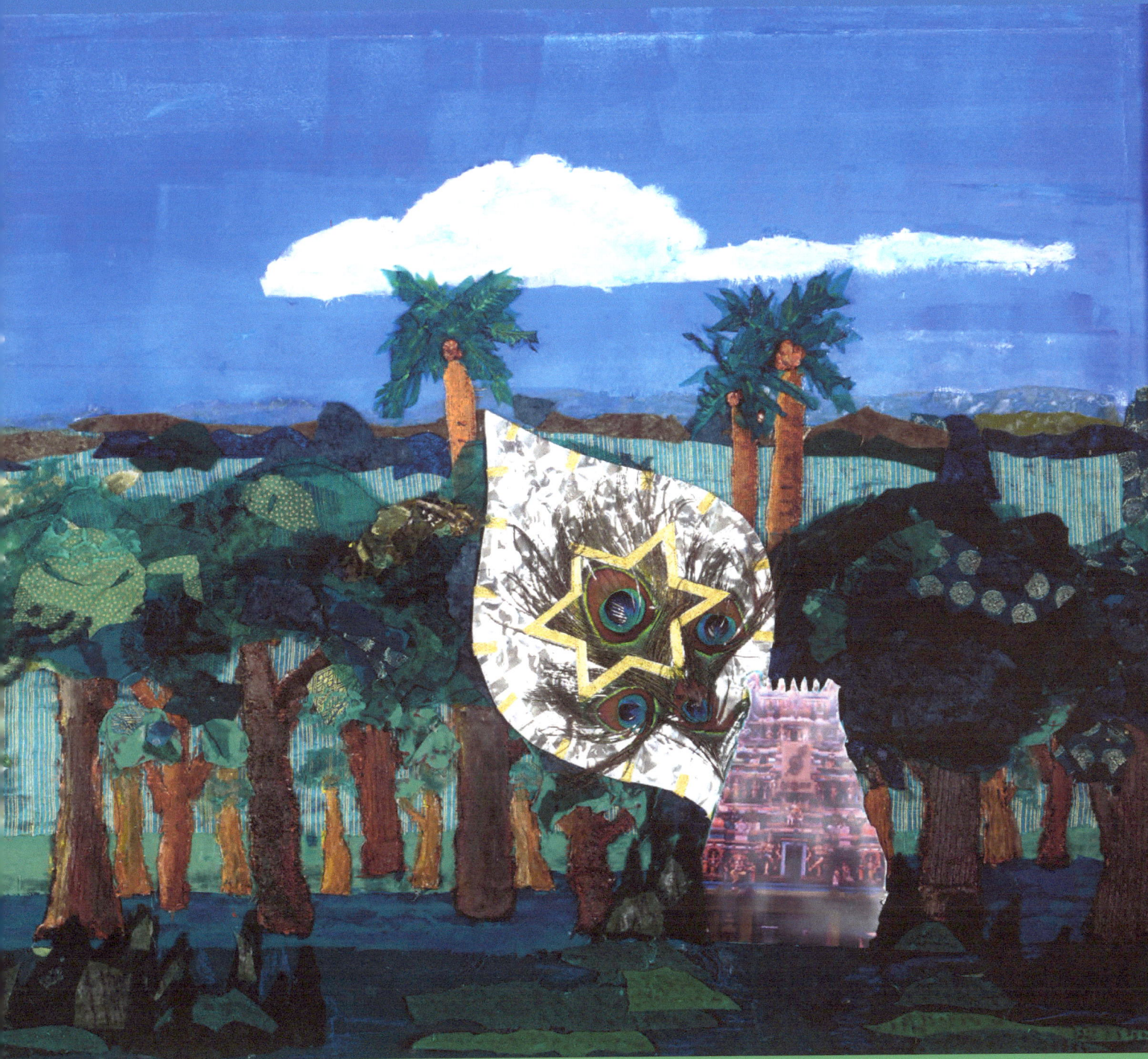

குமரன்

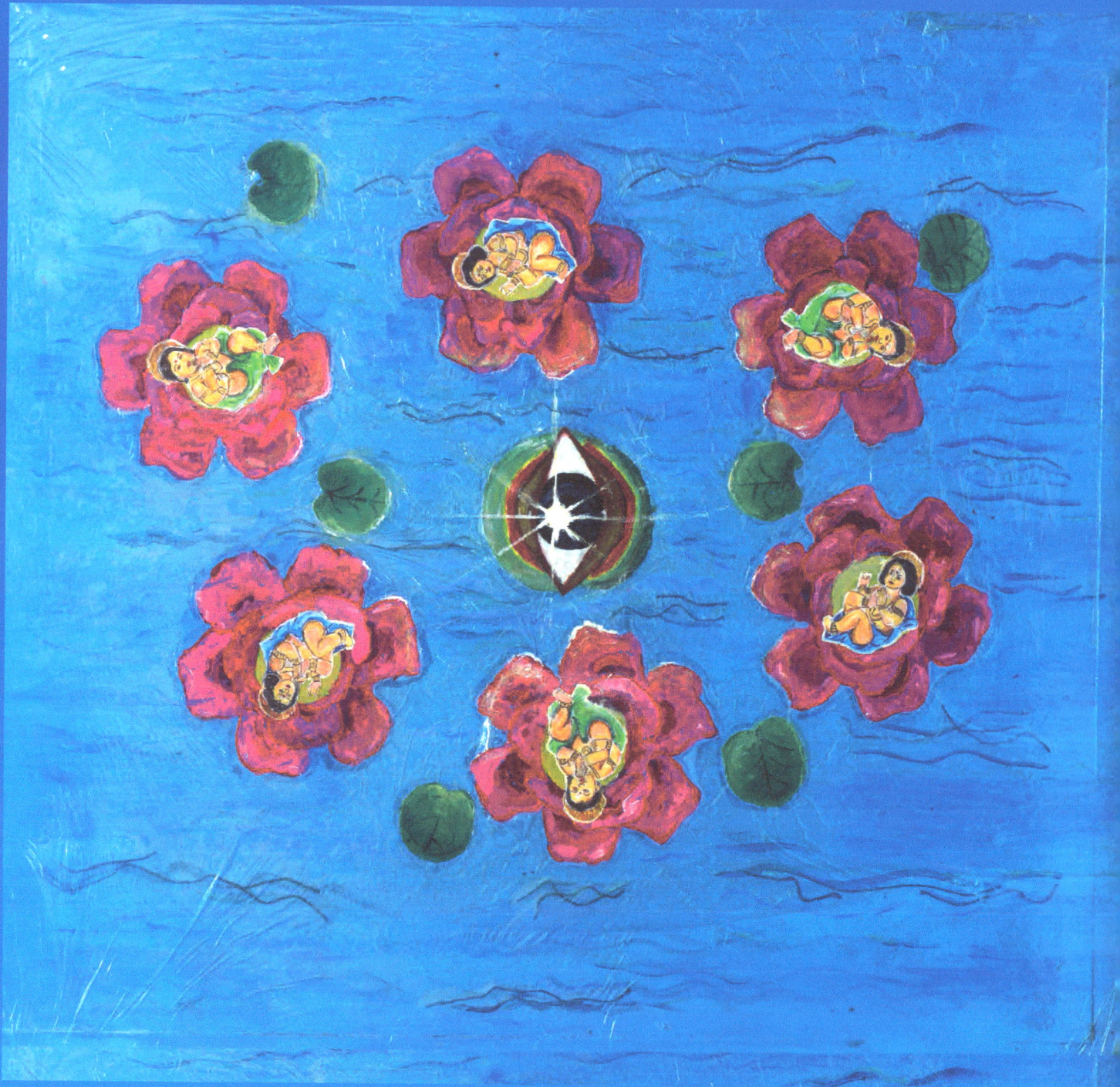

ஆறுமுகம்

சிவ பெருமானின் மூன்றாவது கண்ணிலிருந்து வெளி வந்த ஒளிப்பிழம்பின் தெய்வ வடிவமே முருகன்.

Lord Muruga is the divine force in the form of light from the third eye of Lord Shiva

भगवान मुरुगन, भगवान शिव की तीसरी आँख से निकली आलोक - रूपी दिव्य शक्ति हैं। हम कावड़ी से इनकी पूजा करते हैं, जो तपस्या एवं साहस का प्रतीक माना जाता है।

Señor Muruga es la fuerza divina en forma de luz desde el tercer ojo de Shiva.

Muruga ist die göttliche Kraft in Form von Licht, das von dem |dritten Auge von Lord Shiva.

Seigneur Muruga est la force divine sous la forme de la lumière du troisième œil du Seigneur Shiva.

Tuhan Murugan adalah kuasa ilahi dalam bentuk cahaya dari mata ketiga Tuhan Shiva.

தவத்திற்கும் தைரியத்திற்கும் அடையாளமான காவடியைத் தூக்கி அவனை வணங்குகிறோம்.

We worship Him with kavadi , a symbol of penance and courage

हम कावड़ी से इनकी पूजा करते हैं, जो तपस्या एवं साहस का प्रतीक माना जाता है।

Lo adoramos con kavadi, un símbolo de penitencia y valor

Wir verehren ihn mit kavadi, ein Symbol der Buße und der Mut

Nous l'adorons avec kavadi, un symbole de pénitence et de courage.

Kami menyembah-Nya dengan Kaavadi, yang merupakan lambang penantian dan keberanian.

சரவணபவன்

வேலாயுதன்

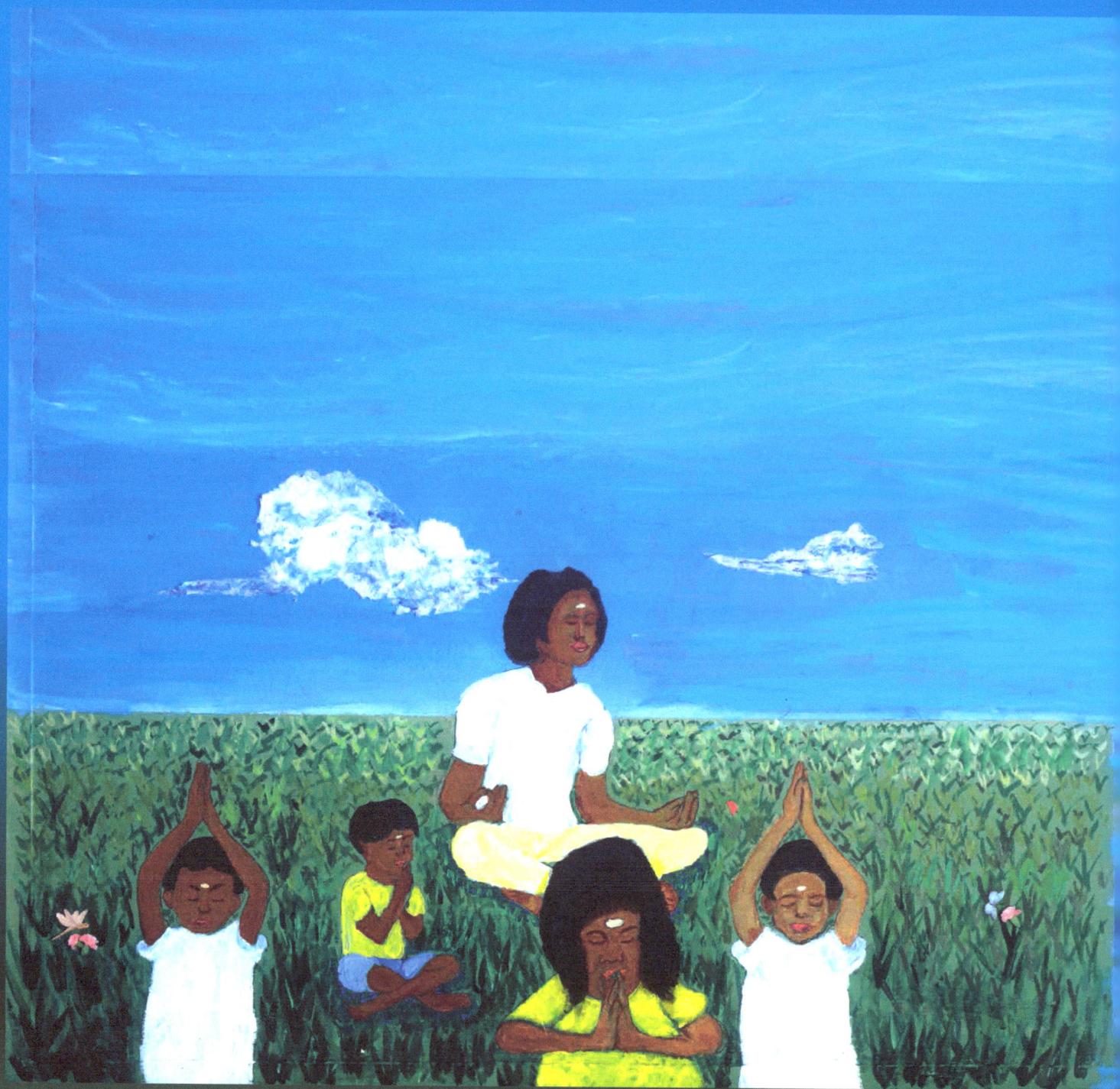

சண்முகா சரணம் அருள்வாய் சரணம்

Lord Saravana we surrender to your blessings.

भगवान सरवन, हम आपके आशीर्वादों के प्रतिआत्मसमर्पण करते हैं।

Señor saravana nos rendimos ante tus bendiciones

Herr Saravana wir nehmen Zuflucht Ihrer Segen

Seigneur Saravana nous nous abandonnons a vos benedictions.

Tuhan Saravana, kami menyerahkan diri kepada berkat-Mu

மயில் வேல் முருகா காப்பாய் சரணம்

Lord of Peacock please protect us

हे मयूरों के ईश्वर, कृपया हमारी रक्षा करें।"

Señor del pavo real por favor protejenos

Herr Pfau schützen Sie uns bitte

Seigneur de paon s'il vous plaît nous protéger

Tuhan Muruga, selamatkan-lah kami

மயில்வாகனன்

The mountainous region of Thiruparamkundram was created as a mixed media collage, using brown paper bags and green mass Acrylic and tissue paper was used to create the early morning background. Cardboard, gold foil gift-wrap and beads were used to create the spear. The temple's photograph was mounted on a foam board for a raised look. Acrylic on canvas was used to create th god figure

The seashore of the Tiruchendoor was made with sand and shells. The sea is painted with tissue paper, plastic sheet and acrylic The sky was done using acrylic paint, tissue paper and toilet paper. The foam board is the back support for The photograph of the temple The spear on the shore was created using cardboard, copper foil gift wrap and beads The God figure was painted on canvas and adorned with paper clay flowers and gold leafed clay jewels.

Stones on the road side is the base of the hills of Palani The stones were glued and painted with acrylic. The photograph of th temple was attached to foam board. The spear on the shore was created using cardboard, copper foil gift wrap and beads The sea is painted with tissue paper, plastic sheet and acrylic. The sky was done using acrylic paint, tissue paper and toilet paper. The God figure was painted on canvas and adorned wooden beads.

For swami malai The plains of the river bed were made with embroidery threads. The trees are made with jute and sheer fabric. The river was made with plastic, paper. The hills were made with sand. The clouds are created with tissue paper. The The photograph of the temple was attached to foam board. The spear on the shore was created using cardboard,silver gift wrap, fabric and beads.The God figure was painted on canvas and adorned with paper clay flowers and gold leafed clay jewels.

Luscious green fabrics of silk, cotton, chenille in green color makes the woods of palamuthircholai. Acrylic and paper towels were used for the sky. Trees are made with socks and various fabrics. The peacock is made with kitchen aluminium foil and paper clay. The photograph of the temple was attached to foam board. The spear behind the temple was created using cardboard, silver gift wrap, fabric and beads. The God figure was painted on wood and adorned with paper clay flowers and gold leafed clay jewels.

The mountainous region of Thirthanni was created as a mixed media collage, using different green types of fabrics. The dusk was done with sheer fabric. The photograph of the temple was mounted to a foam board. The spear in the mountain is made up of cardboard, gold foil gift wrap and beads. The figure of the god was created on canvas with acrylics, The garland is hand made with paper clay, the jewels are done with clay and gold foil. The steps were made of sand. The lights are printed on a transparency paper and glued on the steps.

The diviner from the light of lord Shiva and the children on the lotus are done in acrylic and color pencil. The water is done with acrylic and plastic sheet. The kavadi dance scene is done with acrylic, sand,cardboard fabric and beads.

The praying children scene was done with acrylic. The peacock is done with embroidery thread,clay fabric and gold foil.

Arulmigu Subramaniya Swamy Temple of thiruparamkundaram is located near the major city of Madurai. It is approximately 8 KM from the city of Madurai.
To contact the temple
phone number:+914522484359,+914522482248.
E-mail : thiruparankundrammurugantemple.tnhrce.org
The Temple website:http://www.thiruparankundrammurugantemple.tnhrce.in/

Arukmigu Subramaniya Swamy temple of Tiruchendur is located approximately 100 KM of south side from Madurai.
To contact the temple
Phone Numbers : +914639242221, +914639242270, +914639242271
E - Mail : tiruchendurmurugan@tnhrce.org
The Temple website:
http://www.tiruchendurmurugantemple.tnhrce.in/

Arulmigu Dhandayuthapani Swamy Temple of palani
is located approximately 120 KM from madurai.
To contact the temple:
Telephone : +914545242236 , +914545242467, +914545241417
Toll Free Number - 18004259925
E-Mail : palanimurugan@tnhrce.org
http://www.palanimurugantemple.tnhrce.in/

Arulmigu SwaminathaSwamy temple of Swamimalai
is located 150 KM from Madurai on the east direction.
To contact the temple:
Telephone:+914352454421, +914352454358
E-Mail :swamymalaimurugan@tnhrce.org
http://www.swaminathaswamytemple.tnhrce.in

Arulmigu Solaimalai Murugan temple of Solaimalai is located 10 KM from Madurai in the North direction.
To contact the temple:
Telephone:+914522470228

Arulmigu Subramanya Swamy Koil of Tiruttani is
located 50 KM from chennai.
To contact the temple:
 Telephone:+914427885247,+914427885243
E-Mail ID : tiruthanimurugan@tnhrce.org
http://www.tirutanigaimurugan.tnhrce.in

"அழகே தமிழே முருகா" என்ற பெயரால் முருகனுக்கு ஒரு மலரை மாலையாகத் தொடுத்த முனைவர். சுகந்தி அவர்களுக்கு பாராட்டுகள் பெயராலேயே அனைத்தும் அடங்கிவிட்டது. முருகு என்றால் அழகு என்று பொருள் அழகனாக உருவாகிய முருகன்தான் தமிழ் மொழியையே இவ்வுலகிற்கு படைத்தார். ஓசையை மொழியாக்கியவர் முருகன் அவரிடம் இருந்து தமிழை கற்றுக் கொண்ட அகத்திய முனிவர் தொல்காப்பியரை நியமித்து தமிழ் இலக்கணத்தை உருவாக்கினர். இது மொழி இலக்கணம் மட்டுமல்ல பொருள் இலக்கணமும் ஆகும். அழகுவேல் முருகா! கீர்த்தி வழங்குவாய் முருகா! என்று முருகனை வேண்டுகிறார் வெற்றிவேல் பெருமை மிக்கது "வெல்" என்ற வினைச் சொல்லே நீண்டு "வேல்" என்ற பெயர்ச்சொல்லாகிறது. அறுபடை வீடுகளையும் எளிமையாகவும் அழகாகவும் விவாரித்துள்ளார். ஒவ்வொரு படைவீட்டிலுள்ள முருகனுக்கும் ஒவ்வொரு பெயர் உண்டு.

உலகம் உய்ய உதித்த இறைவன் முருகன் உலக மக்கள் அனைவரும் நல்வாழ்வு வாழவேண்டும் என்றும் அன்பு பரிவு பாசம் ஞானம் சாந்தம் வீரம் என்ற ஆறு குணங்களையும் அனைவரும் பெறவேண்டும். என்று ஆசி வழங்குகிறார் முருகன் பிரம்ம சொரூப ஞானமணி ஆவார் இதனால் தான் "சுப்ரமணி" என்று அழைக்கப்படுகிறார் பல பெயர்களில் முருகன் அழைக்கப்படுகிறார். ஒவ்வொரு பெயருக்கும் ஒரு பொருள் உண்டு முருகனை வணங்கினால் ஞானம் கிடைக்கும். அதனால்தான் ஞானவேல் முருகா என்று அழைக்கிறோம்.

அரும் பெறல் மரபில் பெரும் பெயர் முருகன் ஓம் முருகா ஓம் முருகா என்று வணங்கி நம் ஆத்மாவை சுத்தகாந்தமாக்கி நல்வாழ்க்கை வாழ்வோமாக! முருகனுக்கு காவடியை சுமப்பதுபோல இந்த மலரை வெளியிட்ட சுகந்தி அவர்களுக்கு முருகனின் அருளாசி என்றென்றும் கிடைக்கட்டும்.

முனைவர், கவாலியர், எம்.எஸ்.மதிவாணன்
தலைவர்,
SSM கல்வி நிறுவனங்கள்

www.ingramcontent.com/pod-product-compliance
Lightning Source LLC
Chambersburg PA
CBHW040403100426
42811CB00017B/1824
9780983908807